AF375233

Omira Bellizzio
Ilustraciones: Adriana Franco

Llegó la Navidad

Celebrando a Venezuela

INTERNATIONAL LATINO BOOK AWARDS
AWARD WINNING AUTHOR

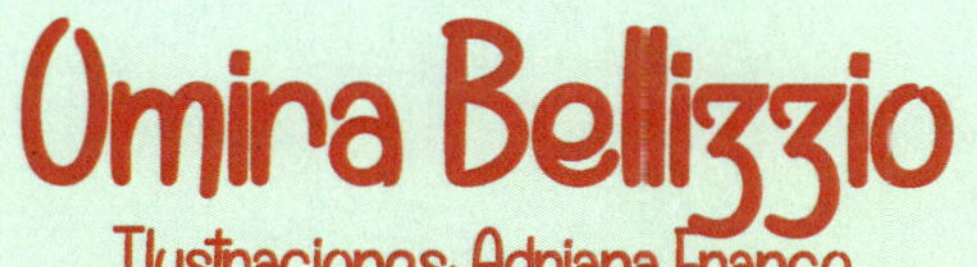

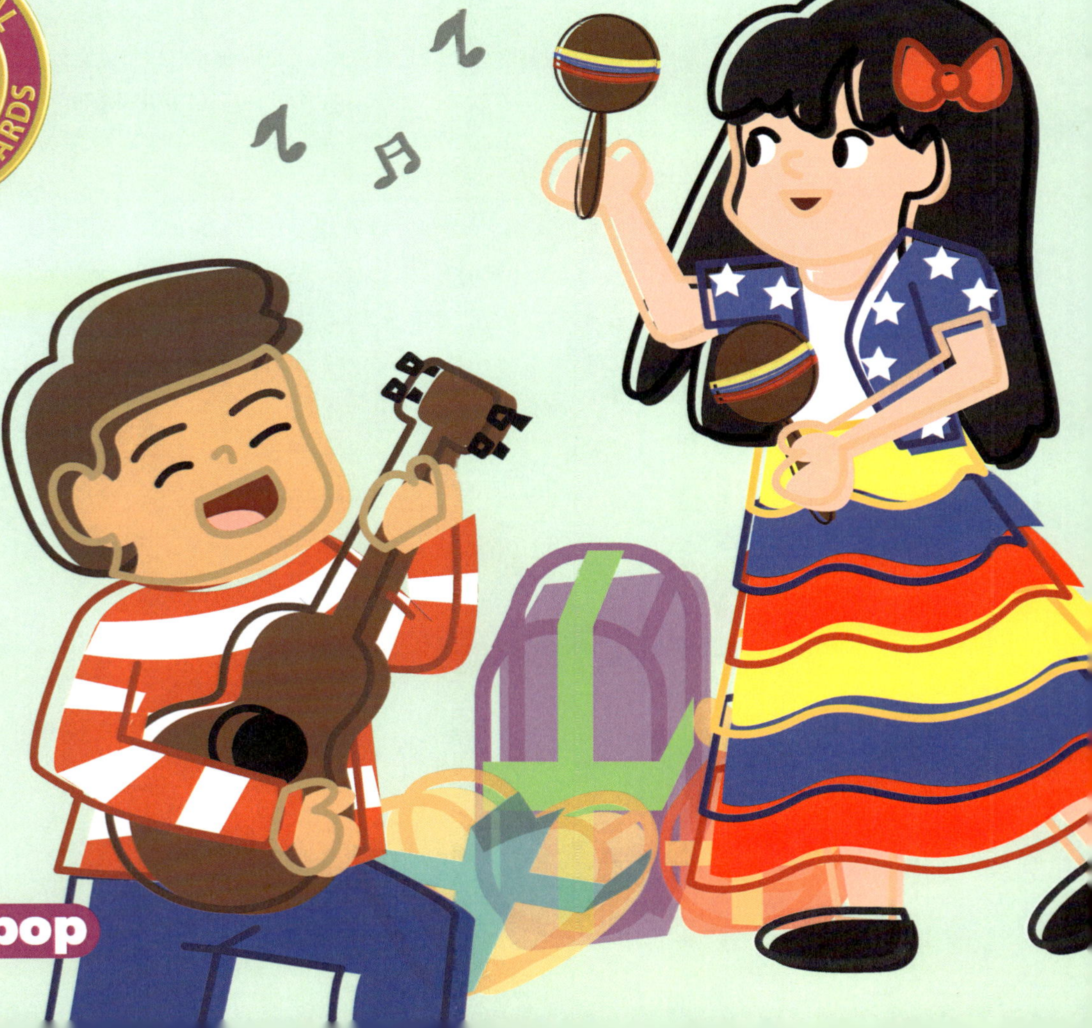

Poetapop

Con la llegada del mes de diciembre, todo se torna sutil, festivo y luminoso. Llegó la Navidad, es un cofre de recuerdos: el aroma del guiso de las hallacas de mi abuela Maria Evangelista, aún sigue siendo incomparable, la maravillosa mezcla de nuestra música, el árbol y el pesebre siempre presentes en nuestros hogares. La dicha crece con los regalos del niño Jesús y San Nicolás, que luego mis hijos, empezaron a llamarlo Santa. Los osos navideños fueron los primeros adornos que colgué en mi árbol y aquí tienen su poema.

La magia de la Navidad debe animar los corazones por una infancia feliz, la unión familiar y el compartir con los amigos. Ahora que vivo fuera de mi amada Venezuela, con mis versos anhelo que los niños aprecien nuestras celebraciones populares y aviven la hermandad, la esperanza, la paz, la fe y el amor por nuestra tierra. Continuemos con las tradiciones.

Reciban un abrazo de luz y poesía,
Omira

www.omirabellizzio.com

Omira Bellizzio

Ilustraciones: Adriana Franco

Llegó la Navidad

Celebrando a Venezuela

© Llegó la navidad
Celebrando a Venezuela

© Texto: Omira Bellizzio
@omirabell

© Ilustraciones: Adriana Franco
@adrixdesigns

Diagramación: Adriana Franco

© Publicado en / Published in the United States
of America by Poetapop LLC Miami, Florida.
info@poetapop.com
www.poetapop.com
@poetapop

Primera Edición Poetapop, marzo, 2022

ISBN: 9798986996240

Library of Congress Control Number: 2023913914

Estrellas
que titilan
en el cielo
derramen paz
en el mundo entero

Estrellas
colmen
de felicidad
a los niños de Venezuela
en Navidad

En homenaje a Jesús Rosas Marcano
y a Serenella Rosas Flunger.

1

Llegó la Navidad
comencemos a bailar,
bienvenido el mes
de la festividad familiar.

Con un cuatro
y unas maracas,
entre aguinaldos
y las parrandas.

2

Cantemos juntos
alegres gaitas,
al son de furrucos
y de las tamboras,
en la Nochebuena
de infinitas horas.

3

8

13

18 **19** **20** **21**

26 **27** **28** **29**

Diciembre
4
5
6
7
Buscar al aeropuerto
a los abuelos
9
10
11
12
Cuatro: Instrumento
musical venezolano
14
15
16
17
22
23
24
25
Cambur pintón
30
31

Hallaca: es el plato principal de las fiestas navideñas y considerado plato Nacional. Es un festín de sabores envuelto en hojas de plátano, mayormente tiene forma rectangular. Según la región cambian algunos ingredientes.

Pabilo: es un rollo de hilo fuerte que se usa para amarrar las hallacas.

1
2
3
4
11
13
14
18
19
26

Diciembre

5

Se reúne la familia
a preparar
las hallacas,
el pan de jamón,
el pernil
y la ensalada de gallina.

6

Brindamos
con ponche crema
que nos lleva
la vecina.
El dulce de lechosa
a fuego lento,
todo es fiesta en la
cocina.

7

12

Comprar los estrenos

17

22

23

24

25

Dulce de lechosa: es el postre tradicional venezolano de las fiestas decembrinas.

1

2

3

8

9

El árbol
de pino
que adorna
mi mamá,
con lazos
de colores
y adornos
de cristal.

El árbol
en la noche
brilla
y brilla aún más,
sus luces
de cocuyos
y flores
de Navidad.

Una estrella
en la punta
y regalos
al pie del árbol,
juntos
el 25
abrimos
entre abrazos.

10

15

16 

21

22

27

28

Diciembre

4	5	6	7
11	12	13	14
17	18	19	20
23	24	25	26
29			

1
2
3
4
Onoto: es una semilla que al combinarla con aceite de maíz se tinta color rojo, cuando se coloca a fuego lento. Se usa para darle color a la masa y al guiso de las hallacas. Otros nombres: achiote, axiote o urucú.
8
9
10
Hallacas
de mi pueblo
vestida
de verdor,
mi mamá
te prepara
con suculento
fervor.
Pastel
de harinapan,
el onoto
pone el color
y con las pasas
un toque dulce
bien sabroso
al corazón.
15
16
20
21
Espíritu de
la Navidad
25

Diciembre

5

6

7

11

Aceitunas,
alcaparras
y otros cuantos
ingredientes
el buen guiso
se cocina
con carne de res,
 de gallina.
No se olvide echarle

cerdo,
cochino,
 chancho,
 o marrano.
Ahora si te digo
después de probarla
querrás comerla
todo el año.

12 **13** **14**

17 **18** **19**

1
2
3
4
Montar el pesebre
8
9
10
11
15
8
21

Diciembre

6

8

7

13

12

Los ángeles
juguetones
se acaban
de despertar
para entregar
sus regalos
a los niños
en navidad.

Faroles
de incienso,
manos
de azahar,
los ángeles
del cielo
bajan
a la ciudad.

Alitas de plata,
campanas
tilín tilán,
vienen y van
los ángeles
entre sueños
de caridad.

19

20

25

26

Parranda: género musical que se escucha en toda Venezuela, especialmente en el mes de Diciembre. Varían los instrumentos musicales según la región del país, pero siempre predomina el cuatro, las maracas y el tambor.

Escribir la carta a Santa y al niño Jesús

14

A Jesús Rosas Marcano

Han ocupado
una estrella,
el cielo
se ilumina aún más,
es Jesús
que ha llegado
con sus Rosas
sembrando poesía
alegría
y los cantos
de *un solo pueblo*
que ve su estela
dejar

Que luz
tan bonita
refleja su estrella,
seguro
estará escribiendo
un verso
a la virgencita

Coplas
caen del cielo
se posan
a orillas del mar
es Jesús Rosas Marcano
escribiendo allá arriba
perlas
que nos hacen
soñar

Que brille,
que siga brillando
esa estrella
en el firmamento,
que ilumine
nuestro sendero
con el sabor navideño,
con sus bellos
aguinaldos
y parrandas
de año nuevo,
que con pluma
de poeta
escribió mi Jesús,
maestro.

Diciembre

6   Campanas de la catedral

8   Caballito blanco

7   El Cocuy que alumbra

11   María Paleta

12   La Matica

13   Córrela, córrela

16   El Niño se alumbra

17   Gallo pinto

18   Un Negro como yo

19   Botaste la bola

20

21

22

23

Parrandas y canciones escritas por el poeta Jesús Rosas Marcano (1930 - 2001) siguen escuchándose en el mes de diciembre. Te invito a conocerlas y a formar una parranda con tu familia.

@omirabell

24

1
2
3
4
8
9
10
11
15
Regalo del amigo secreto
16
Santa Claus
o San Nicolás
son los amigos
de la Navidad.
A donde vayas, ellos irán,
deseándote salud, alegría,
amor y prosperidad.
17
Luces.
Lucecitas,
brillan
en diciembre,
iluminas a Caracas
como fuego
incandescente.
20
21
24
25
26
27
30
31

Diciembre

6   8   7

12   13   14

18   19

22   23

28   29

Luces.
Lucecitas,
que iluminas
a mis cerros,
pesebre
gigantesco
se compara
con el cielo.

Luces.
Lucecitas.
¿Cuál brillará más?
Los niños
que allí duermen,
anhelan
sus sueños
se hagan realidad.

1
2
3
4
9
11
18
Ayudar a preparar la torta negra.
22
25
31

Diciembre

6   8   7

12   13   14

19

Osos navideños
vestidos de ocasión
con su banda musical
se forma el parrandón.

Toca la trompeta
montado en bicicleta,
toca el trombón
me retumba el corazón.
Toca los platillos
con los palillos chinos,
toca el saxofón
mi oso relinchón.

Y alrededor del árbol
se siente la emoción
junto a los regalos
que trae Santa Claus.

20   21

26   27

1
4
8
10
11
15
16
17
18
22
El 6 de enero se celebra el Día de
los Reyes Magos, durante muchos
días viajaron hasta encontrar al
niño Jesús. En el Pesebre o
Nacimiento, ellos siempre
están presentes.

Diciembre

6	8	7
12	13 	14
19	20	21

21

Vino una luz
y se posó
en Belén
y los tres
Reyes Magos
se embelesan
al ver,
un querubín
de mirada infinita

que guardaba
en su ser
esperanzas bonitas:
al mundo
las dejó a sus pies
y en las manos
paz, amor y fe
para el hombre
de bien.

23
Hornear galletas

Diciembre

24

Los tres Reyes
Magos
vestidos
de gran gala
vienen
a conocer
al Mesías
contentos de alegría.

Cargados
de regalos
en dorados
camellos
Gaspar, Melchor
y Baltazar
cantaban
Noche de paz.

Los guiaba
una estrella
tan grande
como la luna,
lucero
en resplandor
que brillaba
como el sol.

Llegaron
al fin
a Belén
y junto
a María y José
dijeron
con emoción
ha nacido el Salvador.

25

Nacimiento
de Jesús,
nacimiento
en Belén,
estrella
que ilumina
la carita
de un bebé.

Pesebre
de dulce candor,
María madre de Dios,
recubre
con suave manto
al niño
que nació.

José,
la mula
y el buey
retumban
de emoción,
el niño
que hoy llegó
nos colma
con su amor.

26

Diciembre
Feliz Navidad

Diciembre

6   8   7

12   13   14   15

Gaita: es un género musical del Estado Zulia y orgullo venezolano, se escucha en el mes diciembre, su ritmo es particular. Sus instrumentos tradicionales son el cuatro, el furruco, la tambora y la charrasca.

20   21   22   23

28

Día de los Santos Inocentes, realizar algunas bromas y juegos divertidos.

29

De aromas está la calle,
mi barriga ruge y suena,
pues en casa de la abuela
la olla está bien puesta.

Prueben el guiso,
adornen la carne,
¡tú lava las hojas!
que él corta el pabilo.

y todos en marcha
al son de una gaita,
amasan, extienden
y amarran la hallaca.

12
11
10
9
8
7
6
5
4
3
2
1
Feliz
año nuevo

Diciembre

30

31

Uvas de diciembre
del dulce sabor,
una tras otra me como
al compás de mi reloj.

Voy contando al vuelo
las doce uvas del tiempo,
pidiendo los deseos
para el año nuevo.

Mis 12 Deseos de Año Nuevo
1
2
3
4
5
6
7
8
9
10
11
12

Diciembre
1 2 3 4 5 6 7
8 9 10 11 12 13 14
15 16 17 18 19 20 21
22 23 24 25 26 27 28
30 31
Poetapop

Poetapop
Leer no es un secreto

www.ingramcontent.com/pod-product-compliance
Lightning Source LLC
Chambersburg PA
CBRC090944120726
48010CB00012B/333